AF227325

17ᵉ ANNÉE.

AOUT 1904

BULLETIN
DE
LA LIGUE NATIONALE CONTRE L'ATHÉISME

Le Bulletin est envoyé gratuitement à tous les Membres actifs de la Ligue

LE CHRISTIANISME
ET LA DÉMOCRATIE

CONFÉRENCE 51

Faite par M. Anatole LEROY-BEAULIEU
Membre de l'Institut
PRÉSIDENT

SIÈGE SOCIAL : 69, Rue PIGALLE

DÉPOT
CHEZ VICTOR RETAUX
LIBRAIRE-ÉDITEUR
82, RUE BONAPARTE, 82
PARIS

PRIX : 50 CENTIMES

LE CHRISTIANISME ET LA DÉMOCRATIE [1]

Mesdames et Messieurs, je dois vous entretenir d'une question dont je n'ai pas besoin de faire ressortir devant vous l'importance. Il n'en est pas, à l'heure actuelle, qui doive préoccuper davantage non seulement les philosophes et les penseurs, mais les politiques et les sociologues. Je devrais plutôt m'excuser d'aborder un sujet aussi vaste, alors que je dispose d'aussi peu de temps. Ce qui m'a décidé à le faire, c'est que c'est un de ceux dont je suis le plus préoccupé moi-même; je pourrais dire que j'en suis obsédé. Je ne puis ici que vous indiquer les principaux aspects de la question. Je le ferai en toute sincérité, avec la liberté que l'on veut bien laisser à tous ceux qui ont l'honneur de prendre la parole en cette maison.

Le Christianisme, c'est-à-dire la religion qui a dominé notre civilisation occidentale, qui a présidé à la formation des nations modernes, et la Démocratie, c'est-à-dire la grande force politique et sociale qui est en train, à son tour, de conquérir le monde et qui prétend le remodeler, le rajeunir, le transformer, sont-ils condamnés à un antagonisme fatal? En beaucoup de pays, dans le nôtre en particulier, ils sont aujourd'hui en lutte.

La guerre entre eux n'est pas nouvelle; c'est un fait, à certains égards, déjà ancien; ce n'est pas cependant un fait universel. La lutte de la démocratie et du christianisme a rempli le XIX° siècle; on pourrait même dire, à bien des égards, qu'elle a été le trait principal de l'histoire du XIX° siècle. Pendant les cent dernières années, l'Europe a retenti du bruit de ce grand duel. Quelles en sont les causes? Ces causes sont-elles permanentes? Le dissentiment entre les deux adversaires tient-il à l'essence même des choses, aux conceptions fondamentales du christianisme, d'un côté, aux conceptions ou aux besoins de la démocratie, de l'autre? Tient-il, au contraire, plutôt à des circonstances locales ou à des causes historiques, qui peuvent changer, qui peuvent cesser? En

(1) Conférence faite pour la Ligue contre l'athéisme le 3 février 1904 et que M. A. Leroy-Beaulieu a développée aux États-Unis dans ses conférences de l'Université Harvard.

d'autres termes, le christianisme et l'esprit religieux se sont-ils partout opposés à la démocratie et à l'esprit démocratique, si bien que, entre eux, on doive regarder la paix comme une illusion chimérique, et que, malgré nos justes répugnances, il faille nous résigner à opter entre les deux adversaires?

Je parle ici, Messieurs, du christianisme. Certains d'entre vous seraient portés à croire qu'en disant le christianisme, je n'ai en vue qu'une des églises chrétiennes, la plus ancienne, la plus nombreuse, l'Eglise catholique. Cela ne serait pas exact.

Certes, la lutte est particulièrement vive entre l'Eglise catholique et la démocratie; mais ce serait une erreur de croire que le conflit est uniquement entre le catholicisme et la démocratie contemporaine. La lutte a une tout autre portée. Il est vrai que les adversaires de l'Eglise romaine croient souvent diriger leurs coups uniquement contre elle, mais, à suivre l'histoire des dernières années, à prendre surtout l'ensemble des faits contemporains, nous voyons que les coups destinés à l'Eglise catholique par ceux qui se donnent comme les chefs de la démocratie portent plus loin que Rome, plus haut que le Vatican et que la tiare pontificale; ils portent jusqu'au Christ, dans son paradis; je dirai plus, ils portent jusqu'au pâle Dieu des spiritualistes, dans le vague empyrée des métaphysiciens.

Une première observation : la lutte entre le christianisme et la démocratie n'est ni de tous les temps, ni de tous les pays. Si nous examinons les faits, ce qui est notre premier devoir en pareil cas, nous trouvons que, à plusieurs époques, au moyen âge ou dans les temps modernes, il y a eu des pays où la démocratie a fait bon ménage avec le christianisme, avec le catholicisme même, où elle s'est développée, elle a grandi, elle a vécu à l'ombre des églises chrétiennes. Je vous citerai, par exemple, car ce sont des faits que l'on oublie trop souvent, les cantons suisses, qui sont la plus ancienne démocratie de l'Europe, et spécialement les cantons les plus catholiques de la Suisse, les cantons primitifs, les petits cantons qui sont autour du lac de Lucerne. Ce sont là des pays tout à fait catholiques et ce sont là aussi des pays tout à fait démocratiques. A certains égards, on pourrait dire que ce sont les démocraties les plus complètes que nous connaissions; je n'en sais pas, au moins en Europe, que l'on puisse leur comparer. Au point de vue des mœurs, comme au point de vue des institutions, on peut les qualifier de pays d'extrême démocratie; c'est le régime de la démocratie directe.

Si, remontant au moyen âge, nous traversons les Alpes, nous trouvons en Italie, notamment à Florence, une démocratie qui, elle aussi, s'est développée, non pas en opposition avec le christianisme, mais, à plus d'un égard, d'accord avec le christianisme. Vous n'avez pas oublié la Florence de Savonarole. La république florentine n'a pas eu une bien longue floraison, elle a été coupée, elle a été tranchée dans sa fleur; il n'en est pas moins vrai que, durant plusieurs générations, Florence a été une démocratie et, à bien des égards, elle aussi, une démocratie extrême. Rappelez-vous qu'à l'époque de Savonarole, pour protester contre le retour de la tyrannie des Médicis, tyrannie qui fut rétablie sur le bûcher du moine dominicain, les démocrates, les défenseurs de la République avaient inscrit, sur le palais communal qui personnifiait les libertés populaires, ces mots : *Christus rex florentini populi*, le Christ roi du peuple florentin. C'était avec ces formules que Savonarole et ses amis prétendaient restaurer les libertés démocratiques de la vieille cité toscane. Vous voyez donc, Messieurs, qu'il n'y a pas toujours eu d'antagonisme entre la démocratie et le christianisme, même entre la démocratie et l'église chrétienne qui passe pour la moins favorable à la démocratie, l'Église catholique.

Les deux idées fondamentales du régime démocratique, l'idée d'égalité et l'idée de fraternité n'ont, en effet, en elles-mêmes rien d'opposé à l'esprit chrétien. On pourrait dire, au contraire, qu'elles sont seules conformes à l'esprit évangélique; et vous n'ignorez pas que plusieurs de nos philosophes ou de nos historiens ont su retrouver les racines chrétiennes de ces grandes idées d'égalité et de fraternité sous les doctrines démocratiques empruntées à d'autres sources.

Que l'Évangile soit plutôt favorable à la démocratie, est-ce la peine de chercher à vous le démontrer? Il suffit d'ouvrir le livre sacré et d'en parcourir quelques chapitres, quelques versets pour voir qu'il est inspiré d'un véritable esprit démocratique, si par là on entend l'esprit d'égalité et de fraternité. Aussi voit-on prédominer les tendances démocratiques chez presque tous les peuples qui, dans leur gouvernement et dans leurs lois, ont cherché à s'inspirer de l'esprit chrétien et de l'esprit de l'Évangile. C'est, vous ne l'ignorez pas, l'histoire de la Nouvelle-Angleterre et des colonies anglaises d'où sont sortis, au delà de l'Océan, les États-Unis d'Amérique. L'Évangile est au berceau de la grande République américaine qui, aujourd'hui encore, reste la meilleure démonstration de la possibilité d'établir et de faire vivre une grande démocratie. En Amérique, l'idée démocratique a grandi, elle a vécu à l'abri du christianisme. Elle a puisé le meilleur de sa sève dans les livres chrétiens ou, pour être strictement exact, dans les livres judéo-chrétiens ; car les racines de la démocratie américaine ne sont pas uniquement dans l'Évangile, elles sont autant, — certains disent davantage encore — dans la Bible hébraïque ; mais, en tout cas, elles sont dans l'Écriture Sainte et dans le sentiment religieux. Des écrivains américains ont même démontré que l'exemple des douze tribus d'Israël et les souvenirs bibliques n'avaient pas été étrangers à la constitution fédérale.

Vous le voyez, Mesdames et Messieurs, je serais en droit de dire que l'antagonisme entre la démocratie et le christianisme n'est pas un fait fatal, inévitable ; que cet antagonisme est beaucoup moins entre le christianisme en soi et la démocratie en soi qu'entre le christianisme à certaines époques ou dans certains pays et la démocratie contemporaine, la démocratie européenne notamment.

Quelles sont donc les causes de ce grand conflit dont a retenti tout le xixᵉ siècle ? Ces causes me semblent tenir surtout à la genèse de la démocratie moderne. Elles appartiennent à l'histoire, aux origines mêmes de la démocratie contemporaine, de la démocratie européenne en particulier. Elles tiennent à deux choses, surtout : d'abord à la façon dont la démocratie moderne est née, dont elle s'est présentée au monde ; et, secondement, à la façon dont cette démocratie a été reçue lorsqu'elle a fait son apparition, à l'opposition qu'elle a rencontrée à sa naissance, en Europe, dans les Églises chrétiennes ou dans le clergé de ces Églises.

D'où procède, en effet, la démocratie européenne ? Elle procède de la Révolution française ; et la Révolution française, d'où procède-t-elle ? Du xviiiᵉ siècle et de la philosophie du xviiiᵉ siècle. Or, quels étaient les principes de la philosophie du xviiiᵉ siècle ? Quelles étaient ses idées directrices, ses idées maîtresses, pour employer la formule de Taine ? C'étaient, faut-il vous le rappeler, des idées essentiellement rationalistes et en même temps, et peut-être par là même, des idées essentiellement antitraditionaliste... Un de nos grands critiques, M. Faguet, a écrit un jour que notre XVIIIᵉ siècle n'avait été ni français ni chrétien. Il y a une grande part de vérité dans cette opinion de M. Faguet, bien qu'on puisse dire que, à leur insu, et peut-être même malgré eux, nos philosophes, en leurs idées, comme dans la forme qu'ils donnaient à ces idées, ont surtout été plus français et plus chrétiens qu'ils ne l'imaginaient eux-mêmes. Quoi qu'il en soit, Messieurs, par ses principes comme par ses tendances, la philosophie du XVIIIᵉ siècle est manifestement opposée au christianisme, et non seulement à une église chrétienne, non seulement au catholicisme, mais à toutes les formes du christianisme. Les philosophes du XVIIIᵉ siècle, les encyclopédistes en particulier, n'ont guère vu dans le christianisme, et dans les religions positives en général, que des adversaires, des obstacles sur la voie où ils voulaient engager la France et l'humanité. A ces hommes, dont le talent a jeté parfois tan d'éclat sur notre pays, à ces brillants écrivains si sincèrement épris de l'idée, nouvelle alors, du progrès de l'espèce humaine, il a manqué une chose essentielle : l'intelligence de la religion et du sentiment religieux. Ils ne comprenaient ni le christianisme, ni la foi religieuse ; ils en ont, presque tous, méconnu la valeur morale et la portée sociale. Pour eux, la religion, à commencer par le christianisme, était avant tout une œuvre politique, l'œuvre des rois et des prêtres. Les dogmes imposés aux peuples avaient pour but de les maintenir dans l'obéissance et dans la servitude ; et prêtres ou rois, ceux qui enseignaient ces dogmes asservissants, ceux du moins qui les avaient inventés ou formulés, n'étaient que des imposteurs. C'est la doctrine de presque tous les philosophes du XVIIIᵉ siècle, à commencer par Voltaire, dans son *Mahomet*. Cette doctrine, en elle-même si peu philosophique, choque aujourd'hui tous les hommes qui ont le sens religieux ou le sens historique. Elle a été rejetée de tous les penseurs du XIXᵉ siècle, à quelque école qu'ils appartinssent. Je ne froisserai personne parmi vous en affirmant que c'est là un point de vue erroné, un point de vue enfantin, qui a déjà pour nous quelque chose d'archaïque et qui ne compte plus de partisans dans les milieux éclairés. Mais ce point de vue, enfantin et suranné, peut-être parce qu'il était très simple et simpliste, il a passé de la philosophie du XVIIIᵉ siècle dans l'esprit des couches populaires ; s'il est abandonné de tous les hommes cultivés, il se rencontre souvent encore chez des intelligences primitives ou à demi incultes que leur demi-instruction expose à toutes les erreurs et à tous les sophismes. Et comme, malheureusement, les polémiques politiques ne sont pas faites pour relever le niveau intellectuel ou moral de nos sociétés, il se rencontre aujourd'hui, parmi les hommes qui se font un devoir de lutter contre les influences religieuses, des écrivains, des orateurs assez peu scrupuleux pour affirmer aux foules que la religion n'est autre chose qu'un système d'imposture, que les prêtres sont les ennemis du peuple, parce qu'ils n'ont d'autre mission que de le tromper, afin de l'asservir.

Voilà donc, Messieurs, une des causes de l'antagonisme entre la démocratie et le christianisme, ou mieux entre la démocratie et l'idée religieuse. Pour une grande partie des meneurs de la démocratie actuelle et pour beaucoup des hommes qui composent le gros des armées démocratiques, les religions ne sont que des chaines intellectuelles, des chaines forgées à dessein pour assujettir le peuple. Le meilleur, le seul moyen d'affranchir les nations, les intelligences et les consciences, c'est de briser ces chaines, par suite de supprimer la religion et l'esprit religieux.

Une autre cause, une cause historique également, de l'antagonisme entre l'esprit chrétien ou l'esprit religieux et l'esprit démocratique contemporain, c'est la façon dont la religion se présentait aux hommes qui ont fait la Révolution ou à leurs héritiers. Sous quel aspect apparaissait la religion aux philosophes du XVIIIe siècle ou aux hommes de 1789? Elle leur apparaissait comme une institution d'État, liée à toutes les institutions des temps monarchiques ou aristocratiques. Par suite, beaucoup des novateurs furent portés à la considérer comme la base ou comme le rempart de l'ancien régime. La religion, en chaque État, avait une place officielle; elle se présentait sous la forme d'une Église d'État, pourvue de privilèges séculaires. Ce n'était pas toujours la même Église, mais partout c'était une Église d'État, le plus souvent en possession d'une sorte de monopole spirituel. L'Église formait ce que les Anglais appellent un établissement : *Establishment*, c'est-à-dire une institution d'État jouissant de certaines prérogatives et, d'habitude, de véritables privilèges. La Révolution s'attaquait à l'ordre de choses ancien, elle s'attaquait aux privilèges sous toutes les formes : il n'est donc pas étonnant qu'elle s'en soit prise à l'Église, alors même qu'elle se défendait de s'en prendre à la religion. Si en effet la Révolution s'est gardée, à ses dé' its surtout, de déclarer la guerre au christianisme ou au catholicisme, il est manifeste que la Révolution voyait, sinon dans le dogme chrétien, au moins dans les Églises placées en face d'elle, des adversaires et non pas des auxiliaires. Le clergé, presque partout, à commencer par la France, constituait un ordre de l'État, et le premier des ordres de l'État. Il ne pouvait demeurer indifférent au renversement de l'ancienne constitution, d'autant que toute sa situation matérielle et morale en était ébranlée, et que non contente de s'emparer des biens de l'Église, la Révolution prétendait lui imposer sa « constitution civile du clergé ». Si nombre de prêtres, de curés surtout, se plaisaient à rechercher dans l'Évangile les maximes propres à encourager les aspirations nouvelles, les évêques étaient presque unanimes à s'en défier. Les excès de la Révolution, la persécution des prêtres réfractaires venaient bientôt tourner contre elle tout le clergé, en Europe comme en France.

Rien donc d'étonnant si l'Église catholique, si les Eglises chrétiennes qui formaient partout des institutions d'État, qui étaient une des pièces et souvent la pièce maîtresse de l'ancien régime, ont vu de mauvais œil la Révolution ; si elles ont traité en suspectes les idées nouvelles ; si elles ont regardé la démocratie comme un adversaire dont l'Église et la religion elle-même avaient beaucoup à craindre et rien à espérer. C'est ainsi, Messieurs, que la lutte a été engagée, des deux côtés à la fois. Les partisans de la démocratie et de la Révolution ont vu dans l'Église un obstacle, un allié de l'ancien régime, un fauteur des anciens pouvoirs monarchiques ou aristocratiques ; et, de leur côté, les Églises, les clergés, les croyants, les plus zélés d'entre eux au moins ont vu, dans la Révolution qui personnifiait les revendications démocratiques, un adversaire avec lequel la conciliation semblait impossible. La guerre s'est engagée de part et d'autre, et cette guerre s'est prolongée au delà de la période révolutionnaire. Elle a repris après la Révolution ; elle a recommencé après l'espèce de trêve ou de pacification effectuée par Napoléon Ier et par son Concordat. Sous la Restauration, l'Église s'est de nouveau liée aux puissances anciennes ; elle a cru que, à l'abri du trône relevé, elle pourrait recouvrer ses anciens droits et prérogatives. Et ce qui s'est fait en France s'est passé, à peu près également, quoique d'une manière moins frappante, dans la plupart des autres pays de l'Europe. Dès le premier tiers du xix° siècle, il s'est ainsi livré autour de l'Église, autour de l'idée religieuse, un combat qui, avec des vicissitudes diverses, a dominé toute l'histoire contemporaine. L'Église, attaquée par les uns comme une barrière, a été défendue par les autres comme un rempart contre la Révolution. La religion a été entraînée dans les conflits politiques; elle a reçu les contre-coups des luttes de partis, et elle en a été la victime. Cette situation a été aggravée par la faute des uns et des autres, par la faute des assaillants, des chefs de la démocratie, des hommes qui se donnaient comme les rénovateurs de la société, et parfois aussi par les imprudences ou par les provocations de ceux qui prétendaient être les seuls ou les principaux représentants de la pensée religieuse, ou de la tradition chrétienne. Comme l'écrivait un jour M. de Falloux, l'Église catholique était compromise par les exagérations de ceux de ses défenseurs, dont le zèle, mal inspiré, ne craignait pas de lier la religion à la contre-révolution.

Une chose, Messieurs, qui a beaucoup contribué à aggraver cette situation, à envenimer la lutte, c'est un fait sur lequel on n'insiste pas toujours assez, un fait qui, aujourd'hui, paraît n'avoir eu dans l'histoire de l'Église qu'une importance secondaire et qui, en réalité, en a eu une capitale: je veux parler de la souveraineté temporelle des Papes. La papauté n'était pas seulement la tête de l'Église catholique; les papes, en tant que chefs de l'Église et comme protection pour cette qualité de chefs de l'Église, possédaient un petit État temporel : ils étaient rois entre les rois. Or, ce trône pontifical est un de ceux auxquels les idées nouvelles se sont le plus promptement et le plus violemment attaquées. Cette petite royauté temporelle a été d'autant plus en butte aux assauts de la Révolution que, aux yeux des partisans de la démocratie, elle se justifiait moins; la réunion dans les mêmes mains du pouvoir spirituel et du pouvoir temporel, au lieu de leur paraître un titre de durée, leur semblait plus choquante. Si l'on envisage l'ensemble des faits, je crois que la bataille engagée autour du pouvoir temporel a été une des raisons qui, pendant longtemps, ont empêché l'Église catholique de tenter ou de poursuivre une évolution démocratique. Ainsi s'explique comment, après l'avoir essayée, dès avant 1848, Pie IX s'est rejeté tout entier dans la politique opposée. Pourquoi le pape Léon XIII est-il le premier qui se soit risqué ou qui ait persisté à faire des avances à la démocratie et qui se soit obstiné à la convaincre qu'entre elle et l'Église catholique l'entente n'était pas impossible? C'est en grande partie parce que, le pouvoir temporel ayant été renversé, le pape Léon XIII, à l'inverse de ses prédécesseurs, ne se trouvait pas contraint de le défendre contre la démocratie.

Et en effet, Messieurs, il était impossible que, tôt ou tard, les chrétiens, les catholiques en particulier, ne cherchassent pas à convaincre les démocrates que l'Église et la démocratie n'étaient nullement vouées à un antagonisme fatal et nécessaire. Cette idée, elle s'est présentée d'assez bonne heure à quelques-uns d'entre eux, à Lamennais, par exemple; et c'est parce que Lamennais l'a soutenue avec une impétuosité orgueilleuse et un esprit absolu, parce que Lamennais, se trouvant en avance sur son époque, se heurtait aux défiances excitées à Rome par la lutte autour du pouvoir temporel, que Lamennais a été abandonné et condamné par Rome. C'est, un demi-siècle plus tard, après le bref essai du Pie IX de 1848, c'est à Léon XIII qu'est revenu l'honneur de reconnaître qu'il était temps, pour l'Église, de se décider à tendre la main à la reine des temps nouveaux; et Léon XIII l'a fait avec une netteté et une résolution qu'il est impossible de contester. Nous n'avons pas à chercher ici quel a été le succès ou l'insuccès de sa tentative. Il nous suffit de constater que le Saint-Siège n'a pas hésité à proclamer que le catholicisme ne devait pas se laisser présenter comme l'ennemi des tendances populaires résumées dans ce que nous appelons la démocratie. Le pape Léon XIII s'est constamment efforcé de montrer aux peuples que, loin d'être en opposition avec les aspirations démocratiques, l'Église, au contraire, s'inspirait elle-même de sentiments démocratiques.Si, par cette politique, il rompait avec la tradition de ses prédécesseurs immédiats, il faut bien reconnaître qu'il remontait, par delà les trois ou quatre siècles qui ont suivi la Renaissance, jusqu'aux grands papes d'autrefois. En cela Léon XIII a été moins un novateur qu'un rénovateur. Il renouait en quelque sorte la tradition des vieux âges, car, vous ne l'ignorez pas, à plusieurs époques, au moyen âge en particulier, les Papes ont souvent été amenés, par les besoins mêmes de leur lutte contre les princes temporels, à faire de la démocratie, et de la démocratie pratique, notamment par leur alliance avec les communes guelfes.

Aujourd'hui, quelle est la situation? La guerre continue. Le pape Léon XIII, pour des raisons diverses, n'a pas réussi à désarmer ses adversaires. Il faut bien dire que, quand une lutte a été aussi longue et aussi acharnée, il ne suffit pas, pour faire déposer les armes, d'une parole de paix, de si haut qu'elle puisse tomber; il faut autre chose. Il faut le temps d'abord, et le temps, jusqu'ici, a manqué. Mais encore, si la bataille continue, quel est celui des deux adversaires qui montre le plus d'obstination à poursuivre la lutte? Est-ce parmi les chrétiens, est-ce même parmi les catholiques que l'on se plaît toujours à répéter qu'entre la démocratie et l'idée religieuse la paix est impossible? En quel camp persiste-t-on à affirmer l'antagonisme, et de quel côté lance-t-on l'anathème? Il faut bien le reconnaître, ce n'est plus Rome aujourd'hui, ce ne sont plus les docteurs et les théologiens, les prêtres ou les prélats, représentants attitrés de la pensée chrétienne, qui jettent l'interdit à la démocratie. Tout au rebours c'est dans l'extrême démocratie, c'est parmi les hommes qui se donnent comme les inspirateurs des pures doctrines démocratiques, que se rencontrent les tribuns qui prétendent excommunier à jamais l'Eglise et le christianisme, affirmant avec une opiniâtreté hautaine qu'entre la tradition chrétienne et la démocratie toute conciliation est chimérique. Et cependant, Messieurs, comme le demandent à leurs adversaires les chrétiens de tous rites, pourquoi la conciliation serait-elle impossible? De quel droit la taxer d'utopie? En quoi se résume, en somme, la démocratie? En quelques idées dont les unes ont été, de longue date, admises par le christianisme, dont les autres sont en harmonie avec l'Evangile ou ne sont pas en opposition avec lui.

La première de ces idées, c'est l'égalité. L'égalité, comme je vous le disais tout à l'heure, elle a certainement ses racines profondes dans l'Évangile. Et, pour moi, ce qui me surprend toujours, ce n'est pas que des chrétiens reconnaissent aujourd'hui que l'égalité peut avoir un principe évangélique, c'est qu'ils aient été si longtemps à s'en apercevoir; c'est que, pour le découvrir, il leur ait fallu lire l'Évangile ou la Bible à la clarté de ce qu'on appelle les idées modernes. Une chose qui doit tous nous étonner, c'est que les germes d'égalité que portait si manifestement le christianisme, dans l'Évangile comme dans la Bible, n'aient pu lever plus tôt, au cours des siècles! Cela, évidemment, s'explique par des raisons multiples, mais surtout, je crois, par ce fait que, à aucune époque, en dépit des apparences, l'idée chrétienne n'a été vraiment maîtresse et souveraine du monde. Le monde que nous appelons peut-être improprement chrétien a subi des jougs divers : il a passé par la domination romaine, par la conquête et l'anarchie des Barbares, par la féodalité et le règne de l'épée, par les grandes monarchies modernes et le règne de la centralisation bureaucratique. Jamais l'esprit chrétien n'a été pleinement maître ou pleinement libre. Autrement, si l'Évangile avait pu produire tous ses germes et les développer dans une atmosphère entièrement chrétienne, il y a longtemps que l'égalité et la démocratie, sous une forme il est vrai différente de celle que nous voyons aujourd'hui, fussent sorties de l'Évangile et du christianisme.

Il en est de même, à plus forte raison, de l'idée de fraternité qui est l'essence de l'esprit chrétien et que, à toute époque, les églises chrétiennes se sont appliquées à répandre comme l'idéal évangélique. De même aussi, oserai-je dire, de l'abolition des privilèges qui n'est que la conséquence, que la mise en pratique des idées d'égalité et de fraternité. Quoi de plus conforme à l'esprit du christianisme? Pour le montrer nous n'aurions que l'embarras du choix entre les maximes évangéliques où il nous est enseigné que les chefs doivent être les serviteurs de ceux qu'ils instruisent ou de ceux qu'ils commandent. De même encore de l'égale accession de tous aux fonctions publiques. N'est-ce pas un principe que l'Église a toujours maintenu dans son sein, si bien qu'on pourrait dire qu'en l'appliquant à la société civile, la démocratie n'a guère fait à l'origine qu'imiter la société religieuse?

Une des idées capitales de la démocratie moderne, celle qui est sa raison d'être et son honneur, c'est le désir passionné d'améliorer le sort des masses, des classes populaires, de celles qu'on appelait naguère les déshéritées. Ce souci, Messieurs, est-il étranger au christianisme et à l'idée chrétienne? Est-il en opposition avec l'Évangile? Assurément non. Ici encore, nous pourrions nous étonner que les chrétiens des différents rites aient été si longtemps à découvrir, dans leurs livres ou dans leurs traditions, que le christianisme avait une mission sociale. Mais l'ont-ils jamais entièrement oublié? A toute époque, au moyen âge comme aux époques modernes, il s'est trouvé, dans les églises chrétiennes, des hommes, des saints en particulier, qui ont compris que la mission du christianisme, sur cette terre, dans ce qu'ils appelaient cette « vallée de larmes », était de travailler à consoler ceux qui pleurent, à secourir les misérables, à panser les plaies morales ou matérielles de l'humanité. De là, toutes ces œuvres de charité qui ont été la gloire du christianisme, si bien qu'on pourrait dire de lui qu'il a été la vraie religion de la souffrance humaine.

Il y a bien un autre principe de la démocratie, une de ses idées fondamentales qui, au premier abord, peut sembler plus difficile à concilier avec l'idée chrétienne : c'est la souveraineté du peuple. Nous y reviendrons tout à l'heure. La souveraineté du peuple, elle peut être entendue de manières fort diverses ; elle prête à bien des équivoques, par suite à bien des sophismes et à de périlleuses erreurs. Quoi qu'il en soit, loin d'être en contradiction absolue avec le christianisme, elle a de longue date été admise fréquemment dans la plupart des églises chrétiennes, dans l'Église catholique aussi bien que chez les protestants. Elle n'a pas été étrangère au moyen âge ; elle a eu la faveur du plus grand Docteur de l'Église, saint Thomas d'Aquin, de telle façon que les hommes qui aiment à s'intituler démocrates chrétiens ont su extraire de la *Somme* de saint Thomas toute une théorie de la démocratie.

A considérer donc, Messieurs, le but, les aspirations, les principales revendications de la démocratie, il semble qu'on puisse affirmer qu'entre le christianisme et elle, il n'y a aucun antagonisme de principes, aucune incompatibilité de doctrines. Il semble qu'on puisse assurer que les nations peuvent réaliser toutes les réformes démocratiques sans rompre avec la religion et avec la tradition chrétiennes, mais plutôt, au contraire, à l'aide de la religion et du christianisme. On le sentait déjà vers la fin du XVIIIe siècle, à l'époque de la Révolution, car le pape Léon XIII et le pape Pie IX n'ont pas été, dans l'Église catholique, les premiers pontifes à en avoir l'intuition. Les catholiques ont le droit de rappeler le mandement de 1797 du cardinal Chiaramonti, alors évêque d'Imola et qui, deux années plus tard, devint le pape Pie VII ; ce futur souverain pontife prétendait déjà démontrer à ses ouailles de la Cisalpine qu'entre l'Église et la démocratie l'alliance est naturelle : « Soyez tous chrétiens, concluait le cardinal, et vous serez d'excellents démocrates. »

Et cependant, Messieurs, ne nous y trompons pas. Si, à prendre les aspirations ou les revendications de la démocratie, il n'y a pas, entre le christianisme et la démocratie, d'opposition. Il n'en est plus de même si nous examinons les principes et les idées directrices. Il faut bien le dire, si nous allons au fond des choses, nous trouvons qu'il y a opposition, sinon dans les maximes et les aspirations, au moins dans la manière dont on les entend, dans l'esprit, dans le sentiment qu'y apporte la démocratie moderne. Alors même que les chefs de la démocratie européenne et les chrétiens qui acceptent le nom de démocrates prononcent les mêmes noms et réclament les mêmes choses, ils ne les entendent pas toujours de la même façon, ils ne les revendiquent pas dans le même esprit. Les revendications démocratiques contemporaines ont une âpreté, ont une violence, ont des exigences qui ne sont pas conformes à l'esprit chrétien et qui, il faut bien le reconnaître, lui sont souvent opposées. Cela est surtout vrai du socialisme, du collectivisme, comme je me propose de vous le montrer dans une prochaine conférence. Par là, l'esprit de la démocratie européenne et l'esprit chrétien, ou, d'une manière plus générale, l'esprit religieux se trouvent aujourd'hui en antagonisme ; entre eux, il y a discordance, il n'y a pas harmonie. Le point de départ des revendications démocratiques, si ce n'est leur point d'arrivée, n'est pas le même que celui de l'esprit chrétien. L'opposition est même parfois entre les principes et les doctrines, pour cette raison que nous ne devons pas oublier, que la démocratie européenne provient de la Révolution et du XVIIIe siècle, qu'elle a conservé, à bien des égards, les sentiments de cette mère et l'esprit de ce père, et que, encore une fois, l'esprit du XVIIIe siècle ou l'esprit de la Révolution n'était pas un esprit chrétien, qu'il était essentiellement rationaliste et antitraditionaliste et que, par là même, il se trouvait en conflit avec l'esprit chrétien.

Prenons comme exemple deux des idées principales de la démocratie contemporaine, deux de ses idées maîtresses, pourrais-je dire, — l'une qui est surtout une idée philosophique, morale, l'autre qui est surtout une notion politique, — deux idées érigées en dogmes par l'extrême démocratie et qui, toutes deux, lui ont été léguées par le XVIIIe siècle et par la Révolution. L'une, c'est la croyance à la bonté naturelle de l'homme ; l'autre, c'est la souveraineté du peuple.

La croyance à la bonté naturelle de l'homme, vous la trouvez dans toute la philosophie du xviii° siècle, chez Rousseau notamment, c'est à-dire chez celui même des philosophes du xviii° siècle qui s'est montré le plus respectueux du christianisme. Elle persiste encore aujourd'hui chez la plupart des démocrates ou des chefs de l'extrême démocratie. Ceux mêmes qui ne la formulent pas nettement en sont plus ou moins imprégnés. C'est, pour eux, sinon un dogme formel, au moins une sorte d'axiome latent. La croyance à la bonté naturelle de l'homme, est-ce une idée chrétienne? Evidemment non : c'est une idée au contraire opposée au christianisme, à son dogme fondamental, le péché originel. Et non seulement elle est en opposition avec le christianisme, mais à bien des égards, elle est inconciliable avec ce qu'on pourrait nommer les équivalents modernes, les équivalents scientifiques du péché originel, c'est-à-dire avec la doctrine de l'évolution et tout l'enseignement de la science contemporaine, qui tend, peut-être témérairement, à faire sortir l'humanité de l'animalité; qui, par suite, doit nous faire redouter, dans la nature humaine, si ennoblie qu'elle soit, le retour des grossiers appétits de la brute. La foi en la bonté native de l'homme et de la nature humaine est un des articles du credo socialiste; elle inspire la plupart des démocrates et des vendications démocratiques. Elle les conduit à cette théorie que vous rencontrez chez la plupart des guides qui mènent aujourd'hui les foules : c'est que l'homme n'a besoin d'aucun frein d'aucune sorte et en particulier d'aucun frein religieux; c'est que le mal moral au lieu d'être individuel, au lieu de tenir à l'homme ou à la nature humaine, tient à la société et à l'organisation de la société. Le mal a une nature sociale : par suite, pour le supprimer, il n'y a qu'à modifier la société, qu'à en changer les conditions et en renverser les bases.

Remarquez, Messieurs, que si je crois, quant à moi, que le mal est inhérent à la nature humaine, je ne prétends pas qu'il ne puisse être souvent aggravé par les conditions sociales; mais je regarde comme une erreur capitale et une erreur redoutable de croire que la principale cause du mal n'est pas en nous et dans la nature humaine, mais dans la société, dans les institutions et dans les lois. Or, encore une fois, cette erreur est au fond de la démocratie moderne, et elle est contraire à l'esprit chrétien, à l'esprit religieux, aussi bien qu'au véritable esprit philosophique et à l'esprit scientifique.

Une autre idée, chère à la démocratie moderne et qui, de la façon dont l'extrême démocratie l'entend, est difficile, pour ne pas dire impossible à concilier avec le christianisme et avec toute foi religieuse, c'est le dogme de la souveraineté du peuple. La souveraineté du peuple, ou mieux la souveraineté nationale, peut être comprise de façons fort diverses. J'avoue que si l'on entend par là que dans nos démocraties, sous le régime républicain en particulier, le pouvoir politique émane de la nation, je suis moi aussi partisan de la souveraineté du peuple. Mais cette notion même de souveraineté peut, encore une fois, être entendue de bien des manières. La souveraineté du peuple est, par suite, une des idées les plus complexes et une des plus dangereuses qui se soient répandues chez nous depuis plus d'un siècle. Elle a été analysée par plusieurs de nos écrivains et, entre autres, d'une façon supérieure par un de mes amis, que j'ai le plaisir de voir ici, M. Eugène d'Eichthal. La souveraineté du peuple, si nous l'entendons de la manière dont elle est comprise par la plupart des démocrates modernes, nous menace d'une nouvelle espèce d'absolutisme et de la pire tyrannie, une tyrannie anonyme et irresponsable. La souveraineté du peuple, pour beaucoup de ses adhérents, ne consiste pas à placer seulement la source de l'autorité dans la nation ; elle attribue au peuple, par suite aux majorités passagères et aux partis dominants, un pouvoir illimité. Aux yeux de beaucoup de démocrates, comme c'est le nombre qui fait la loi, c'est le nombre qui fait le droit. Que le nombre fasse la loi, il faut bien le plus souvent s'y résigner, c'est une des conséquences du régime démocratique ; mais que le nombre fasse le droit, c'est ce que ni la raison, ni la conscience, ni la religion ne sauraient accepter. Cela est opposé et à l'esprit chrétien et à tout esprit religieux en général. Or, n'est-ce pas ainsi que la souveraineté du peuple est entendue par la plupart de ses théoriciens actuels, en cela encore disciples de Rousseau ? N'est-ce pas en ce sens que, au-dessus du peuple et du nombre, il n'y a rien, ni loi, ni droit ?

Un des reproches que nous sommes contraints de faire à l'extrême démocratie, c'est qu'en transférant la souveraineté des anciens monarques au peuple, elle la leur a conférée tout entière, sans frein et sans limites, telle que la comprenaient ou la pratiquaient les anciens rois. Elle a fait plus : en la transférant au peuple, la démocratie moderne a encore élargi la souveraineté, la rendant plus absolue, plus absorbante, par suite plus oppressive. Les rois, les empereurs, les monarques, avaient beau proclamer leur pouvoir absolu, ce pouvoir rencontrait des limites dans les traditions, dans les institutions, dans l'idée religieuse elle-même. Le christianisme avait soin de dire au souverain, empereur ou roi, ce qui certes n'était pas toujours un frein suffisant, mais ce qui, malgré tout, était encore un frein dont les plus puissants n'osaient entièrement s'affranchir : « Au-dessus de toi, il y a un juge, il y a un maître, il y a Dieu. » La démocratie moderne, la démocratie européenne, au moins, en transférant la souveraineté des monarques au peuple, lui répète plutôt le mot du maréchal de Villeroi à Louis XV enfant : « Sire, tout est à vous ; étant le souverain, vous êtes le maître, votre volonté est la loi. » La démocratie moderne n'a pas enseigné au peuple qu'il avait un maître au-dessus de lui, qu'il y avait un Dieu devant lequel il pouvait être responsable. Loin de là, les chefs de l'extrême démocratie ont donné comme mot d'ordre aux foules la formule de Blanqui : Ni Dieu, ni maître ! Ils leur affirment que l'idée de Dieu est une superstition d'un autre temps. On dirait qu'ils se représentent Dieu comme une sorte de monarque surnaturel dont la déchéance devait suivre celle des rois de la terre ; comme si l'on ne pouvait affranchir la pensée humaine qu'en la délivrant de cet antique tyran qui trônait dans les cieux !

La souveraineté du peuple, ainsi entendue comme illimitée, aboutit à l'omnipotence de l'État, pour ne pas dire à la déification de l'État, ce qui est en opposition manifeste, non seulement avec la tradition chrétienne, mais avec la notion même du christianisme, ou mieux avec le sentiment religieux lui-même. La souveraineté du peuple, telle que nous la veulent imposer certains modernes, ne tend à rien moins qu'à nous ramener à la cité antique, — où le pouvoir, l'*imperium*, comme le montre Fustel de Coulanges, était absolu, — à la cité antique qui ne connaissait point de distinction entre le spirituel et le temporel. Or la distinction du spirituel et du temporel, sans laquelle il n'y a ni vraie liberté politique ni vraie liberté religieuse, est due au christianisme ; elle fait, en tout cas, corps avec lui. Parfois, il est vrai, en tel ou tel pays, en telle ou telle église, des chrétiens ont semblé vouloir la supprimer au profit de l'autorité ecclésiastique ; mais, aujourd'hui, le péril est d'un autre côté. Il se trouve des philosophes, il se trouve des politiques, comme le faisait, vers 1848, un penseur que l'on a tenté de remettre à la mode, Pierre Leroux, qui prétendent supprimer cette dualité du spirituel et du temporel, pour confier toute autorité politique ou religieuse au pouvoir civil, à la démocratie, au peuple, c'est-à-dire au nombre. La conscience chrétienne se trouve, par là même, gravement menacée dans sa liberté et, quand je dis : la conscience chrétienne, il faut entendre la conscience religieuse. Elle risque d'être privée du droit qui lui paraît le plus précieux de tous, du droit de servir Dieu conformément à ce qu'elle croit devoir à Dieu.

Croyance à la bonté naturelle de l'homme, conception de la souveraineté du peuple comme illimitée, voilà donc, Messieurs, deux idées, deux notions très importantes sur lesquelles il me paraît impossible de ne pas reconnaître que le christianisme et la démocratie contemporaine sont en opposition. Voilà deux points qui nous montrent qu'entre eux le différend ne porte pas toujours sur la forme des idées, mais parfois sur le fond même des principes et des doctrines.

S'il est vrai qu'entre le christianisme et la démocratie il y a beaucoup de malentendus, le différend ici ne provient pas uniquement d'un malentendu et d'une méconnaissance réciproque. Il est la conséquence de certaines des doctrines professées par la démocratie moderne. Cette vérité nous apparaîtra encore plus clairement lorsque nous étudierons le socialisme, aboutissement naturel de l'extrême démocratie. Entre le socialisme et le christianisme, entre le collectivisme contemporain et l'idée religieuse, nous serons contraints de reconnaître un antagonisme irréductible.

Mais, Messieurs, la démocratie à tendances antichrétiennes et antireligieuses, la démocratie qui, par ses principes ou par son esprit, se trouve en opposition avec le christianisme, est-elle la seule que l'on puisse concevoir ? Ne peut-il s'en rencontrer une autre qui, n'ayant pas eu les mêmes origines, n'ait pas le même esprit ? qui, n'ayant pas connu les mêmes luttes et n'ayant pas rencontré les mêmes adversaires, n'ait ni les mêmes défiances, ni les mêmes répugnances, ni les mêmes rancunes ? Pour découvrir une pareille démocratie, nous n'avons pas besoin de nous réfugier dans le monde imaginaire : nous n'avons qu'à traverser l'Océan ; nous n'avons qu'à passer en Amérique. Là, nous rencontrons une démocratie qui n'a ni les mêmes sentiments, ni les mêmes antipathies, ni les mêmes préjugés que notre démocratie européenne. C'est là, j'en ai la profonde conviction, la cause, ou une des causes de sa supériorité. Grâce à la façon dont elle s'est développée, grâce au milieu où elle a évolué, elle ne s'est crue obligée de rien répudier de ce qui a fait l'honneur de la civilisation et la noblesse de l'homme. Elle n'est pas tentée d'asservir les consciences ou de mutiler l'âme contemporaine. Elle a compris que le régime démocratique avait, plus qu'aucun autre, besoin du sentiment religieux, et qu'un peuple ne saurait être libre sans liberté religieuse. Loin de proclamer que, pour s'affermir ou pour se développer, il lui faut supprimer le christianisme et, comme on l'a dit chez nous, biffer Dieu, elle professe, au contraire, qu'elle n'a pas de guides plus sûrs que la Bible et l'Evangile et que la meilleure garantie de ses succès et de sa durée, c'est la foi en Dieu. Ce contraste entre l'Europe et l'Amérique n'est pas nouveau ; je n'ai pas la naïveté de croire que je l'ai découvert ; mais plus j'étudie l'Amérique, plus je la compare à la France et à l'Europe et plus j'en suis frappé. La chose est bien connue ; on pourrait dire que, depuis Tocqueville, l'observation est devenue banale, mais, si banale qu'elle soit, elle est plus juste que jamais et peut-être plus que jamais nécessaire à rappeler.

Messieurs, le temps me presse de conclure. Quelles que soient vos opinions politiques, quelles que soient vos croyances religieuses ou vos convictions philosophiques, permettez-moi de le confesser, en toute sincérité, je crains, je l'avoue, qu'en rompant systématiquement avec toutes les traditions et toutes les croyances du passé, en prétendant séparer violemment l'idée morale et l'idée religieuse qui ont été liées l'une à l'autre et comme tressées ensemble par les siècles, en s'efforçant même d'expulser Dieu de la cité nouvelle, comme un tyran malfaisant ou comme un pédagogue suranné, je crains que la démocratie européenne, que la démocratie française, en particulier, n'ait singulièrement compliqué sa tâche, et qu'elle n'ait rendu plus malaisée la grande œuvre de l'éducation et du gouvernement populaires (1).

ANATOLE LEROY-BEAULIEU,
de l'Institut.

(1) Sténographié par Duployé, 36, rue de Rivoli, Paris.